KB212898

신심명·증도가

옮긴이 원순 스님

해인사 백련암에서 성철 스님을 은사로 모시고 출가. 해인사·송광사·봉암사 등 제방 선원에서 정진.『선요』『한글원각경』『몽산법어』『육조단경』등 다수의 불서를 펴냈으며 난해한 원효 스님의『대승기신론 소·별기』를『큰 믿음을 일으키는 글』로 풀이하는 등 경전과 어록을 알기 쉽게 우리말로 옮긴 공로로 2003년도 행원문화상 역경부문 수상. 1996년부터 송광사 인월암에서 안거 중. 현재 조계종 기본선원에서 어록을 강의하는 교선사敎禪師이며 조계종 교재편찬위원을 역임하였다.

신심명·증도가

초판 발행 | 2013년 11월 1일
3쇄 발행 | 2023년 1월 1일
펴낸이 | 열린마음
옮긴이 | 원순
편집 | 유진영
디자인 | 안현

펴낸곳 | 도서출판 법공양
등록 | 1999년 2월 2일·제1-a2441
주소 | 13150 서울시 종로구 삼봉로 81 두산위브파빌리온 836호
전화 | 02-734-9428   팩스 | 02-6008-7024
이메일 | dharmabooks@chol.com

ⓒ 원순, 2023
ISBN 978-89-89602-60-6

값 10,000원

부처님의 가르침을 올바르게 _ 도서출판 법공양

信心銘
證道歌

신심명·증도가

삼조승찬
· 영가현각
지음
―――
원순
옮김

도서
출판
법공양

뭇 삶에 행복이 가득하기를

신심명 _ 믿음과 깨달음

법에 대한 믿음을 마음속 깊이 새긴다는 뜻을 지니고
있는 '신심명'은 중국 선종 3조 승찬 스님(?~606)의
저술입니다.

믿는 마음 그 자체가 깨달음이요
깨달음은 다름 아닌 참다운 믿음
信心不二 不二信心

위의 신심명 게송에서 보듯 승찬 스님은 순수한 '믿음'
을 강조하고 있습니다. 믿음이 있으면 의심이 없기에
'옳다' '그르다' 하는 중생의 분별이 없고, 분별이 없어
온갖 번뇌가 사라진 그 자리가 바로 부처님의 '깨달음'
이기 때문입니다.

'믿음 자체가 깨달음'이니, 나와 부처님이 둘이 아닌 그 사실을 절대적으로 믿는다면 어찌 도를 닦아 이루지 못할까 걱정하겠습니까?

깨달음 그 자리는 말을 떠나 있고 시공을 초월하여 있지만, 승찬 스님의 말씀대로 '신심명'을 가슴속에 새겨 온갖 시비분별을 떠나기만 하면, 곧바로 '도道'를 이룰 것입니다.

증도가_ 본디 마음자리에서 흘러나오는 노래

영가 스님(665~713)의 '증도가'는 첫머리부터 정신이 번쩍 들게 합니다.

그대는 보지를 못하였는가?

더 배울 일 없이 사는 한가한 도인
거짓 참됨 어디에도 걸림이 없어
무명 실제 참 성품이 불성이면서
허깨비와 같은 이 몸 법신이라네.

영가 스님께서는 세상 사람에게 '당신의 본디 마음자리를 보았느냐?'라고 다짜고짜 묻고 있는 것입니다. 독자 여러분은 어떻게 답을 하시겠습니까?

우리가 '본디 마음자리'만 볼 수 있다면 그 자리에서 바로 깨쳐 더 배울 일이 없이 한가롭게 사는 도인이 될 것인데, 그렇지 못하기에 영가 스님께서 깨달은 경계에서 드러나는 본디 마음자리를 게송으로 차근차근 풀어주는 것입니다.

'증도가'의 '증證'이란 '증오證悟'이니, 중생의 근본 무명을 타파하고 부처님 마음자리에 들어간 '돈오頓悟'를 말합니다. 이 경계는 '마음'과 '법'을 다 잊고 '유'와 '무'도 분별하지 않는 자리로서 깨달은 사람만 알 수 있는 곳입니다. 그러나 깨닫지 못한 우리도 영가 스님의 가르침이 담긴 '증도가'를 외워 지녀 '증도가'의 삶을 실천하며 수행해 나간다면 깨달은 삶을 사는 것과 다르지 않습니다. 그러다 어느 날 공부가 익어 깨달음의 세상과 하나가 되어 부처님 세상으로 들어갈 수 있을 것입니다.

선의 근본 뜻이 담긴 '신심명'과 '증도가'를 독자 여러
분이 곁에 두고 늘 외워 지닌다면, 저절로 굳센 믿음이
가득 차 홀연 닫힌 마음이 열리고 그 마음에서 깨달음
의 노래가 끊임없이 흘러나올 것입니다.

이 공덕으로
온 누리 뭇 삶에 행복이 가득 하기를……

2013년 10월 1일
송광사 모퉁이 산방에서
인월행자 두손 모음

차례

뭇 삶에 행복이 가득하기를
5

신심명
11

증도가
39

삼조승찬三祖僧璨(? ~ 606)

중국 선종 3대 조사로서 휘는 승찬, 시호는 감지鑑智이다. 문둥병에 시달리
던 승찬 스님은 마흔 살에 혜가 스님을 찾아가 법을 구하고 깨달음을 얻어
의발을 전해 받았다.

승찬 스님은 이 『신심명』에서 양변을 여읜 '중도中道'를 역설하고 있다. 양
변이란 '미움과 사랑' '거역과 순종' '옳음과 그름' 같은 일상생활에서 쓰는
상대적 개념을 말하는데, 중생의 시비분별로 이루어진 한쪽으로 치우친
견해를 말한다.

신심명

삼조승찬
지음

至道無難　唯嫌揀擇
지 도 무 난　유 혐 간 택

但莫憎愛　洞然明白
단 막 증 애　통 연 명 백

毫釐有差　天地懸隔
호 리 유 차　천 지 현 격

欲得現前　莫存順逆
욕 득 현 전　막 존 순 역

違順相爭　是爲心病
위 순 상 쟁　시 위 심 병

不識玄旨　徒勞念靜
불 식 현 지　도 로 염 정

12

1 부처님 삶 깨닫는 건 어렵지 않아
   오직 하나 간택만을 꺼릴 뿐이니
   미워하고 사랑하는 마음 없으면
   걸림 없이 확 트여서 명백하리라.

2 털끝만한 차이라도 있게 된다면
   하늘과 땅 거리만큼 멀어지리니
   이 자리서 참다운 도 얻고자 하면
   좇아가고 거스르는 마음 없애라.

3 어긋나고 순종하다 서로 다툼은
   중생들의 마음에서 만들어진 병
   부처님의 깊은 뜻을 알지 못하고
   부질없이 고요함만 찾고 있구려.

圓同太虛　無欠無餘
원동태허　무흠무여

良由取捨　所以不如
양유취사　소이불여

莫逐有緣　勿住空忍
막축유연　물주공인

一種平懷[1]　泯然自盡
일종평회　민연자진

止動歸止　止更彌動
지동귀지　지갱미동

唯滯兩邊　寧知一種
유체양변　영지일종

---

1. '일종'은 시비분별이 없는 '한마음'인 '부처님 마음'을 말한다.

4 지극한 도 오롯하여 큰 허공 같아
   부족하고 넘치는 게 없는 법인데
   취하거나 버리려는 마음 있기에
   그로 인해 여여하지 않게 되나니.

5 인연들이 있다 하여 좇지를 말고
   '공 도리'라 집착하여 머물지 마라
   '한마음'을 변함없이 품고 산다면
   온갖 번뇌 제 스스로 없어지리라.

6 움직임을 멈추어서 그치려 하면
   그 마음이 다시 더욱 요동을 치니
   이런 마음 아직 한쪽 집착하는 것
   어찌하여 '한마음'을 알 수 있을까.

一種不通　兩處失功
일종불통　양처실공

遣有沒有　從空背空
견유몰유　종공배공

多言多慮　轉不相應
다언다려　전불상응

絶言絶慮　無處不通
절언절려　무처불통

歸根得旨　隨照失宗
귀근득지　수조실종

須臾返照　勝却前空
수유반조　승각전공

16

7   모든 것이 '한마음'에 안 통한다면
     이쪽저쪽 무량공덕 잃게 되는 것
     '유'를 버려 버릴수록 '유'에 빠지고
     '공'을 찾고 찾을수록 '공'을 등지네.

8   말도 많고 생각 많이 하면 할수록
     그 공부는 시나브로 멀어지는 도
     말과 생각 끊어져서 자취 없어야
     도道 통하지 않는 곳이 없을 것이네.

9   근본으로 돌아가면 종지 얻지만
     현상경계 따라가면 종지 잃으니
     잠시라도 한 생각을 돌이킨다면
     이런저런 공空보다도 뛰어나리라.

前空轉變　皆由妄見
전 공 전 변　개 유 망 견

不用求眞　唯須息見
불 용 구 진　유 수 식 견

二見不住　愼莫追尋
이 견 부 주　신 막 추 심

纔有是非　紛然失心
재 유 시 비　분 연 실 심

二由一有　一亦莫守
이 유 일 유　일 역 막 수

一心不生[1]　萬法無咎
일 심 불 생　만 법 무 구

---

1. '일심'은 여기서 시비분별로 일어나는 '한 생각'이나 '하나의 마음'
   이라는 뜻으로 쓰였다.

18

10 '공 도리'라 이런저런 말들 하지만
　　이 모두는 망견으로 말미암은 것
　　참된 법을 구한다고 애쓰지 말고
　　오직 하나 삿된 견해 쉬어야 하네.

11 다른 견해 집착하여 머물지 말고
　　삼가하고 조심하여 좇지를 마라
　　자칫하여 시비분별 있게 된다면
　　어지럽게 참마음을 잃게 되리라.

12 둘이란 건 하나로써 말미암으니
　　하나라는 그 조차도 집착 말아라
　　한 마음도 일어나지 않게 된다면
　　온갖 법에 아무 허물 없을 것이네.

無咎無法　不生不心
무구무법　불생불심

能隨境滅　境逐能沈
능수경멸　경축능침

境由能境　能由境能
경유능경　능유경능

欲知兩段　元是一空
욕지양단　원시일공

一空同兩　齊含萬象
일공동량　제함만상

不見精麤　寧有偏黨
불견정추　영유편당

13   아무 허물 없게 되니 어떤 법 없고
      어떤 법도 없게 되니 마음도 없어
      대상경계 사라지면 볼 주체 없고
      볼 주체가 사라지면 경계도 없다.

14   대상경겐 볼 주체로 인하여 있고
      볼 주체는 경계로써 주체라 하니
      이쪽저쪽 양쪽 경계 알려고 하나
      원래부터 이 모두는 하나의 '공성空性'.

15   '공성'이란 자리에선 똑같은 모습
      거기에서 온갖 것을 다 싸안기에
      곱다거나 추하다는 분별없는데
      어찌하여 치우치는 마음 있을까.

大道體寬　無易無難
대도체관　무이무난

小見狐疑　轉急轉遲
소견호의　전급전지

執之失度　必入邪路
집지실도　필입사로

放之自然　體無去住
방지자연　체무거주

任性合道　逍遙絶惱
임성합도　소요절뇌

繫念乖眞　昏沈不好
계념괴진　혼침불호

16 크나큰 도 그 바탕은 넓고 관대해
　　쉬울 것도 어려움도 없는 것인데
　　짧은 소견 여우처럼 의심하면서
　　이 공부를 서둘수록 더 늦어지리.

17 집착하면 바른 법도 잃게 되어서
　　그 결과는 삿된 길로 들어가지만
　　집착 없이 자연스레 놓아둔다면
　　그 바탕에 오고 감이 전혀 없으리.

18 참 성품에 맡겨 도와 하나가 되면
　　번뇌 없어 유유자적 노닐고 사나
　　생각 많아 참된 도에 어긋난다면
　　정신세계 어두워져 좋지 않으리.

不好勞神　何用疎親
불호노신　하용소친

欲趣一乘　勿惡六塵
욕취일승　물오육진

六塵不惡　還同正覺
육진불오　환동정각

智者無爲　愚人自縛
지자무위　우인자박

法無異法　妄自愛着
법무이법　망자애착

將心用心　豈非大錯
장심용심　기비대착

19 애를 쓰는 그 마음을 좋아 않는데
   가까이나 멀리하는 생각을 낼까
   부처님의 마음으로 나아가려면
   눈앞에 둔 육진경계 싫다 말아라.

20 눈앞에 둔 육진경계 싫어 안 하면
   그 자리가 바른 깨침 '정각'이 되니
   지혜로운 사람들은 할 일 없지만
   우매한 자 스스로를 속박하누나.

21 정법에는 다른 법이 없는 것인데
   허망하게 스스로가 애착을 가져
   집착하는 마음으로 마음을 쓰니
   어찌하여 큰 잘못이 아니겠는가.

迷生寂亂　悟無好惡
미생적난　오무호오

一切二邊　良由斟酌
일체이변　양유짐작

夢幻空華　何勞把捉
몽환공화　하로파착

得失是非　一時放却
득실시비　일시방각

眼若不睡　諸夢自除
안약불수　제몽자제

心若不異　萬法一如
심약불이　만법일여

22 미혹되면 고요 산란 분별하지만
    깨달으면 좋고 싫음 구별 없어라
    양쪽에서 집착하는 모든 주장은
    알고 보면 짐작에서 말미암은 것.

23 꿈속 세상 허깨비와 허공의 꽃들
    어찌하여 애를 써서 잡으려할까
    이득 손실 따지려는 온갖 시비를
    한꺼번에 마음에서 놓아버려라.

24 눈을 뜬 채 자지 않고 깨어 있으면
    모든 꿈은 제 스스로 없어지듯이
    쓰는 마음 그 자체에 변함없으면
    온갖 법은 하나로서 여여하리라.

一如體玄　兀爾忘緣
일여체현　올이망연

萬法齊觀　歸復自然
만법제관　귀복자연

泯其所以　不可方比
민기소이　불가방비

止動無動　動止無止
지동무동　동지무지

兩旣不成　一何有爾
양기불성　일하유이

25 하나로서 여여하니 그윽한 바탕
    의젓하게 일체 반연 모두 잊음에
    온갖 법이 빠짐없이 드러남 보니
    진여법계 자연스레 돌아가는 것
    그리되는 이유조차 사라져 버려
    어디에다 비교하여 견줄 길 없네.

26 움직임을 멈춘다면 움직임 없고
    멈춘 것을 움직이면 멈춤 없기에
    움직임과 멈춤이란 본래 없는 것
    대체 뭣이 자기 모습 가질 수 있나.

究竟窮極　不存軌則
구경궁극　부존궤칙

契心平等　所作俱息
계심평등　소작구식

狐疑淨盡　正信調直
호의정진　정신조직

一切不留　無可記憶
일체불류　무가기억

虛明自照　不勞心力
허명자조　불로심력

非思量處　識情難測
비사량처　식정난측

27 저 끝까지 나아가선 궁극의 진리
    본떠야 할 어떤 법칙 있지 않으니
    차별 없는 마음자리 맞아들이면
    지어가는 모든 업이 쉬어지리라.

28 여우처럼 내던 의심 다 없어지면
    바른 믿음 조화롭게 곧아지리니
    모든 것에 집착하는 마음이 없어
    기억하여 집착할 법 전혀 없으리.

29 허허로운 밝은 광명 절로 비추니
    애가 타게 마음 쓸 일 전혀 아니고
    분별하여 헤아릴 곳 절대 아니라
    중생들의 생각으론 알기 어렵네.

眞如法界　無他無自
진여법계　무타무자

要急相應　唯言不二
요급상응　유언불이

不二皆同　無不包容
불이개동　무불포용

十方智者　皆入此宗
시방지자　개입차종

宗非促延　一念萬年
종비촉연　일념만년

無在不在　十方目前
무재부재　시방목전

30   참다운 법 존재하는 진여법계는
     나와 남이 구별되는 법이 없으니
     어서 빨리 이 자리에 가고자 하면
     모름지기 '불이不二'라고 말할 뿐이다.

31   '불이'라면 모든 것이 다 같아질 새
     무엇 하나 포용되지 않는 게 없어
     지혜로운 시방세계 모든 사람들
     빠짐없이 이 종지로 들어가리라.

32   이 종지는 짧고 긴 게 전혀 아니라
     한 생각에 그 자체가 만 년이 되어
     '있다' '없다' 상관없는 그 자리이니
     시방세계 눈앞에서 펼쳐지리라.

極小同大　忘絕境界
극소동대　망절경계

極大同小　不見邊表
극대동소　불견변표

有卽是無　無卽是有
유즉시무　무즉시유

若不如此　不必須守
약불여차　불필수수

33   지극히도 작은 것이 큰 것과 같아
      크고 작은 모든 경계 잊어버리고
      지극히도 큰 것들이 작은 것 같아
      그 끝이나 바깥 모양 볼 수가 없네.

34   '있다' 하는 그 자체가 없는 것이요
      '없다' 하는 그 자체가 있는 것이니
      우리 만약 이와 같지 아니하다면
      그 경계는 지킬 것이 전혀 아니리.

一卽一切　一切卽一
일즉일체　일체즉일

但能如是　何慮不畢
단능여시　하려불필

信心不二　不二信心
신심불이　불이신심

言語道斷　非去來今
언어도단　비거래금

35 하나라는 그 자체가 일체 모든 것
    모든 것들 그 자체가 하나일 따름
    모름지기 이와 같이 할 수 있다면
    어찌하여 못 깨칠까 걱정을 하랴.

36 믿는 마음 그 자체가 깨달음이요
    깨달음은 다름 아닌 참다운 믿음
    이 자리는 언어로써 표현 못하니
    시방삼세 그 자체를 뛰어넘는 것.

영가현각 永嘉玄覺(665~713)

절강성 온주부 영가현 사람인데 성은 대戴씨이고 이름은 현각玄覺이다.
영가는 호이고 자字는 명도明道이며 별호는 숙각宿覺이다. 여덟 살에 출가
하여 경전을 많이 보고 특히 천태지관天台止觀에 밝았다. 뒤에 『유마경』을
읽다가 얻은 바가 있었고 조계에 가서 육조 스님께 인가를 받고는 돌아와
고향의 용흥사에 있었다.
당나라 선천先天 2년(713) 10월 17일에 49세로 앉아서 입적하니 예종이
무상無常 대사라는 시호를 내려주었다. 저서에 『선종영가집禪宗永嘉集』
『증도가』『관심십문觀心十門』 등이 전한다.

증도가

영가현각
지음

君不見
군 불 견

絶學無爲閑道人　　不除妄想不求眞
절 학 무 위 한 도 인　　부 제 망 상 불 구 진

無明實性卽佛性　　幻化空身卽法身
무 명 실 성 즉 불 성　　환 화 공 신 즉 법 신

法身覺了無一物　　本源自性天眞佛
법 신 각 료 무 일 물　　본 원 자 성 천 진 불

五陰浮雲空去來[1]　　三毒水泡虛出沒
오 음 부 운 공 거 래　　삼 독 수 포 허 출 몰

證實相　無人法　　刹那滅却阿鼻業[2]
증 실 상　무 인 법　　찰 나 멸 각 아 비 업

若將妄語誑衆生　　自招拔舌塵沙劫
약 장 망 어 광 중 생　　자 초 발 설 진 사 겁

---

1. '오음'은 '오온五蘊'이라 하기도 하는데 색色·수受·상想·행行·
식識을 말한다. 간단히 말하면 중생의 몸과 마음이다.
2. '아비'는 무간지옥을 뜻하니, '아비업'은 무간지옥에 떨어질 업
이다.

1   그대는 보지를 못하였는가?

더 배울 일 없이 사는 한가한 도인
거짓 참됨 어디에도 걸림이 없어
무명 실제 참 성품이 불성이면서
허깨비와 같은 이 몸 법신이라네.

법신에서 깨달으니 그 무엇 없어
본원 자성 그대로가 천진한 부처
몸과 마음 뜬구름이 오고 가는 것
탐진치로 출몰함은 물거품일새.

2   참 실상을 증득하면 분별이 없어
찰나 간에 무간 지옥 없어지리니
헛된 말로 중생들을 속이고 살면
세세생생 발설지옥 부르는 업장.

頓覺了 如來禪[1] 六度萬行體中圓[2]
돈 각 료　여 래 선　육 도 만 행 체 중 원

夢裏明明有六趣[3] 覺後空空無大千
몽 리 명 명 유 육 취　교 후 공 공 무 대 천

無罪福 無損益 寂滅性中莫問覓
무 죄 복　무 손 익　적 멸 성 중 막 문 멱

比來塵鏡未曾磨 今日分明須剖析
비 래 진 경 미 증 마　금 일 분 명 수 부 석

誰無念 誰無生 若實無生無不生
수 무 념　수 무 생　약 실 무 생 무 불 생

喚取機關木人問 求佛施功早晚成[4]
환 취 기 관 목 인 문　구 불 시 공 조 만 성

---

1. '여래선'은 '여래의 선정'이다.
2. '육도六度'는 육바라밀이니, 보시·지계·인욕·정진·선정·지혜
   여섯 가지를 말한다.
3. '육취'는 육도六道로서 중생의 여섯 갈래 길이니 지옥·아귀·축
   생·아수라·인간·천상을 말한다.
4. '무晚'이 '어느 때든지'라는 뜻으로 쓰였다. 공부가 어느 때든 이루
   어져 있다는 뜻이니, 나무 장승을 불러다가 물어 볼 필요가 없다.
   법을 묻는 그 순간 이미 '무념' '무생'에서 멀어진 것이다.

3 한순간에 '여래선'을 깨닫고 보면
   육도만행 그 바탕에 오롯해 있지
   꿈속에서 분명하게 보던 세상은
   꿈을 깬 뒤 다 사라져 하나도 없네.

4 죄도 복도 손익조차 본디 없는 것
   적멸 성품 그 속에서 찾지 말거라
   이전에는 몰라 왔던 중생의 번뇌
   지금 당장 분명하게 드러내리라.

   그 무엇이 '무념'이고 '무생'이던가
   '무생'에서 온갖 것이 생겨나는 것
   나무 장승 불러와서 물어 보아라
   이 도리는 어느 때든 이루어진 것.

放四大　莫把捉　寂滅性中隨飲啄
방 사 대　　막 파 착　　적 멸 성 중 수 음 탁

諸行無常一切空　卽是如來大圓覺
제 행 무 상 일 체 공　즉 시 여 래 대 원 각

決定說　表眞乘　有人不肯任情徵
결 정 설　　표 진 승　　유 인 불 긍 임 정 징

直截根源佛所印　摘葉尋枝我不能
직 절 근 원 불 소 인　적 엽 심 지 아 불 능

摩尼珠　人不識　如來藏裏親收得[1]
마 니 주　　인 불 식　　여 래 장 리 친 수 득

六般神用空不空[2]　一顆圓光色非色
육 반 신 용 공 불 공　일 과 원 광 색 비 색

---

1. '여래장'은 '세상의 온갖 현상계에 여래의 성품이 갖추어져 있다'
   는 뜻이니, 세상의 실상은 여래 그 자체라는 뜻이다. 여기서 '여래
   장'은 '본디 갖추고 있는 불성'이니, 그 본디 성품에서 '마니주' 곧
   본디 자성을 찾아야 한다.
2. '육반신용'은 여섯 가지 신통으로 '안의비설신의' 육근의 걸림 없
   는 작용을 말한다. 중생은 육근에서 번뇌를 일으키지만, 깨달은
   사람은 그 자리에서 신통묘용이 드러난다.

5   몸뚱아리 집착 말고 놓아 버려라
    적멸 성품 그 속에서 먹고 마시니
    모든 행이 덧없음에 텅 빈 그 자리
    부처님의 오롯하신 깨달음이네.

6   확실하게 참 가르침 드러냈지만
    어떤 사람 인정 않고 따지려 드니
    번뇌 뿌리 끊어야만 부처님 인정
    잎과 가지 찾는 일은 내 일 아니네.

7   마니주를 사람들은 알지 못하니
    여래 곳간 그 안에서 거둬야 할 것
    육근 신통 공空이면서 공空이 아니고
    오롯 광명 색色이면서 색色이 아니네.

淨五眼[1]　得五力[2]　唯證乃知難可測
정 오 안　　득 오 력　　유 증 내 지 난 가 측

鏡裏看形見不難　　水中捉月爭拈得
경 리 간 형 견 불 난　　수 중 착 월 쟁 염 득

常獨行　常獨步　達者同遊涅槃路
상 독 행　　상 독 보　　달 자 동 유 열 반 로

調古神淸風自高　　貌悴骨剛人不顧
조 고 신 청 풍 자 고　　모 췌 골 강 인 불 고

窮釋子　口稱貧　實是身貧道不貧
궁 석 자　　구 칭 빈　　실 시 신 빈 도 불 빈

貧則身常披縷褐　　道則心藏無價珍
빈 즉 신 상 피 루 갈　　도 즉 심 장 무 가 진

---

1. 오안은 천안天眼·육안肉眼·혜안慧眼·법안法眼·불안佛眼을 말
한다. 육조 스님은 『육조 스님 금강경』에서 "모든 사람에게 오안
五眼이 있지만 어리석음에 덮여 스스로 볼 수가 없다. 그러므로
부처님의 가르침으로 어리석음을 제거하면 곧 오안이 오롯이 밝
아 생각 생각에 '반야바라밀법'을 수행한다."라고 하였다.
2. '오력五力'은 부처님의 불가사의한 신통력이니, 믿음의 힘·정진
의 힘·염불의 힘·선정의 힘·지혜의 힘 다섯 가지를 말한다.

46

8   '다섯 눈'을 맑게 하여 '오력' 얻는 일
    증득해야 알 수 있지 알 수 없는 곳
    거울 속의 그림자를 볼 수 있지만
    물속에 든 밝은 달을 어찌 잡으리.

9   한결같이 초연한 삶 홀로 걷지만
    아는 이는 열반 길에 같이 노니니
    예스러운 맑은 정신 풍류가 높아
    삐쩍 말라 드러난 뼈 상관치 않네.

10 청빈한 삶 수행자를 가난타 하나
    알고 보면 몸만 가난 마음은 부자
    없이 살며 누더기를 걸쳐 입어도
    '도심' 속엔 무진장한 보배가 있다.

無價珍　用無盡　利物應時終不恡
무 가 진　용 무 진　이 물 응 시 종 불 린

三身四智體中圓[1]　八解六通心地印[2]
삼 신 사 지 체 중 원　팔 해 육 통 심 지 인

上士一決一切了　中下多聞多不信
상 사 일 결 일 체 료　중 하 다 문 다 불 신

但自懷中解垢衣　誰能向外誇精進
단 자 회 중 해 구 의　수 능 향 외 과 정 진

從他謗　任他非　把火燒天徒自疲
종 타 방　임 타 비　파 화 소 천 도 자 피

我聞恰似飮甘露　銷融頓入不思議[3]
아 문 흡 사 음 감 로　소 융 돈 입 부 사 의

---

1. '삼신'은 법신·보신·화신이다. '사지'는 부처님의 네 가지 지혜이
   니, 대원경지·평등성지·묘관찰지·성소작지를 말한다.
2. 팔해육통에서 '팔해'는 팔해탈八解脫의 약칭이다. 여덟 가지 선정
   의 힘으로 온갖 번뇌를 버려 해탈하는 것을 말한다. '육통'은 육신
   통을 말한다. 신족통·천안통·천이통·타심통·숙명통·누진통
   여섯 가지이다. '심지'는 부처님 마음자리로, '팔해육통'은 부처님
   마음자리에서 드러나는 것이기에 부처님만 인가할 수 있다.
3. '부사의'는 중생의 입장에선 생각할 수 없는 부처님의 삶을 뜻한다.

무진장한 그 보배를 끝없이 쓰되
중생 따라 이익 줄 때 아끼지 않아
삼신사지 그 바탕은 오롯해지고
육신통과 팔해탈은 부처님 마음.

상근기는 하나 알 때 모두 알지만
중하근긴 들을수록 믿지 못하니
오직 자기 마음속의 때만 벗길 뿐
어느 누가 남들 앞에 자랑하리오.

11 사람들이 비방해도 상관 않으니
반딧불로 저 하늘을 태우려는 짓
내 듣기론 단 이슬을 마시는 기분
업장 녹아 순식간에 부처님의 삶.

觀惡言　是功德　此則成吾善知識
관악언　시공덕　차즉성오선지식

不因訕謗起怨親　何表無生慈忍力
불인산방기원친　하표무생자인력

宗亦通　說亦通[1]　定慧圓明不滯空
종역통　설역통　정혜원명불체공

非但我今獨達了　河沙諸佛體皆同
비단아금독달료　하사제불체개동

獅子吼　無畏說　百獸聞之皆腦裂
사자후　무외설　백수문지개뇌열

香象奔波失却威[2]　天龍寂聽生欣悅
향상분파실각위　천룡적청생흔열

---

1. '종통宗通'은 무명을 타파하여 마음이 열린 것이고 '설통說通'은 열린 마음으로 논리를 뛰어넘어 거침없이 법을 설파하는 것을 말한다.
2. 교미기의 코끼리는 관자놀이에서 향기 나는 액체를 분비한다고 해서 '향상'이라고 하는데, 이 시기에 코끼리는 성질이 포악하고 힘이 세다. 아직 부처님 법을 완전히 깨닫지 못한 소승인 성문, 연각을 향상에 비유한 것이다.

나쁜 말이 공덕인 줄 볼 수 있다면
이 말들은 나를 돕는 선지식일새
비방에서 좋고 싫은 마음 없으니
어찌하여 무생자비 드러내리오.

12 근본 알고 말을 하니 걸림이 없고
선정 지혜 오롯 밝아 '무기공' 없어
오직 나만 지금 홀로 안 게 아니라
온 부처님 그 바탕이 모두 똑같네.

13 포효하는 사자 울음 늠름한 설법
모든 짐승 이 소리에 머리 터지고
성질 나쁜 큰 코끼리 위세 꺾이나
천룡들은 경청하며 기뻐한다네.

遊江海　涉山川　尋師訪道爲參禪
유 강 해　섭 산 천　심 사 방 도 위 참 선

自從認得曹溪路[1]　了知生死不相干
자 종 인 득 조 계 로　요 지 생 사 불 상 간

行亦禪　坐亦禪　語默動靜體安然
행 역 선　좌 역 선　어 묵 동 정 체 안 연

縱遇鋒刀常坦坦　假饒毒藥也閑閑
종 우 봉 도 상 탄 탄　가 요 독 약 야 한 한

我師得見燃燈佛[2]　多劫曾爲忍辱僊[3]
아 사 득 견 연 등 불　다 겁 증 위 인 욕 선

---

1. '조계로'는 조계산에서 설법하신 육조 스님의 '돈교법頓敎法'을 뜻한다. 영가 스님은 육조 스님을 찾아가 법을 인가 받았다.
2. 석가모니가 선혜선인으로 공부할 때 항원왕의 법문 요청에 나아가던 연등불을 만나자, 연등불이 진흙탕 길에 발이 젖지 않도록 하기 위해 자신의 긴 머리털을 진흙탕 길에 깔아 밟고 지나가게 하였다. 또 금빛 연꽃 일곱 송이를 공양하니 연등불께서 "너는 부처가 되어 '석가모니'라 불릴 것이다."라고 하였다.
3. 부처님께서 인욕선인으로 수행할 때 가리왕의 궁녀들에게 법문을 했다가 가리왕의 노여움을 사게 되어 팔다리가 끊겼지만 조금도 성을 내지 않았다.

52

14 　온 천하를 두루두루 돌아다니며
　　선지식을 찾아다녀 참선했지만
　　스스로가 조계 종지 알고 나서는
　　삶과 죽음 상관없음 알아버렸다.

15 　걸을 때나 앉을 때나 선정 속의 삶
　　어묵동정 그 바탕은 편안한 마음
　　창과 칼을 맞더라도 언제나 태연
　　당장 독약 들이켜도 여유로워서
　　연등불을 만난 석가 우리 스승님
　　오랜 세월 인욕선인 삶을 사셨네.

幾廻生　幾廻死　生死悠悠無定止
기 회 생　기 회 사　생 사 유 유 무 정 지

自從頓悟了無生[1]　於諸榮辱何憂喜
자 종 돈 오 요 무 생　어 제 영 욕 하 우 희

入深山　住蘭若　岑崟幽邃長松下
입 심 산　주 난 야　잠 음 유 수 장 송 하

優遊靜坐野僧家　闃寂安居實瀟灑
우 유 정 좌 야 승 가　격 적 안 거 실 소 쇄

覺卽了　不施功　一切有爲法不同
각 즉 료　불 시 공　일 체 유 위 법 부 동

住相布施生天福　猶如仰箭射虛空
주 상 보 시 생 천 복　유 여 앙 전 사 허 공

---

1. 여기서 말하는 '돈오'는 '돈오돈수頓悟頓修'의 '돈오'를 말한다.
   '돈오돈수'의 '돈오'는 무명이 사라져 깨달음과 하나가 되어 깨달
   음이란 그 대상조차 놓은 것이고, '돈오점수'의 '돈오'는 중생계에
   서 무명 너머 부처님의 세상이 있음을 선지식에게 듣고 알아, 그
   믿음 속에서 부처님의 세상을 향해 점차 수행해 나가는 것이다.
   '무생無生'은 중생의 생멸이 없어 '희노애락'이 사라진 부처님의
   '텅 빈 마음자리'를 말한다.

54

16 몇 번이나 태어나고 죽어 왔던가
그 생사가 아득하여 끝이 없어라
스스로가 '돈오'하여 '무생'을 아니
온갖 영욕 기쁨이나 슬픔 있을까.

17 깊은 산속 토굴에서 살아가지만
높고 높은 봉우리에 푸른 소나무
여유로운 좌선 삼매 산승의 움막
고요하고 편안한 삶 상쾌하도다.

18 깨달으니 공부 끝나 할 일이 없어
집착하는 온갖 법과 같지 않구나
생색내고 보시하여 천상에 가도
그 복덕은 허공에 쏜 화살 같구려.

勢力盡　箭還墜　招得來生不如意
세 력 진　전 환 추　초 득 내 생 불 여 의

爭似無爲實相門　一超直入如來地
쟁 사 무 위 실 상 문　일 초 직 입 여 래 지

但得本　莫愁末　如淨瑠璃含寶月
단 득 본　막 수 말　여 정 유 리 함 보 월

旣能解此如意珠　自利利他終不竭
기 능 해 차 여 의 주　자 리 이 타 종 불 갈

江月照　松風吹　永夜淸宵何所爲
강 월 조　송 풍 취　영 야 청 소 하 소 위

佛性戒珠心地印[1]　霧露雲霞體上衣[2]
불 성 계 주 심 지 인　무 로 운 하 체 상 의

---

1. 부처님의 성품으로 계를 지키며 살아가는 삶은 맑고 깨끗한 부처
님 삶이다. '불성계'란 부처님의 깨끗한 삶이요, 이것이 여의주처
럼 드러났을 때 그러한 삶은 부처님 마음자리에서 도장 찍어 인가
한 올바른 법이다.
2. 맑고 깨끗한 부처님 삶에서 안개 이슬 구름 노을 등 온갖 아름다운
인연이 펼쳐지는 모습을 말한다.

56

지은 복덕 다 받으면 추락하는 삶
다음 생에 원치 않는 과보 받으니
할 일 없는 실상의 문 단숨에 넘어
극락정토 들어가는 일과 같을까.

19 근본만을 얻어갈 뿐 곁가지 버려
    유리병 속 반짝이는 보배 달 같다
    이미 이런 여의주를 알 수 있다면
    자리이타 행복한 삶 다함이 없네.

20 강물 속에 달이 뜨고 솔바람 부니
    기나 긴 밤 맑은 하늘 무엇 하리오
    부처님의 깨끗한 삶 마음에 품고
    이슬 안개 구름 노을 옷을 삼으리.

降龍鉢[1] 解虎錫 兩鈷金環鳴歷歷
항 룡 발 해 호 석 양 고 금 환 명 역 력

不是標形虛事持 如來寶杖親蹤迹
불 시 표 형 허 사 지 여 래 보 장 친 종 적

不求眞 不斷妄 了知二法空無相
불 구 진 부 단 망 요 지 이 법 공 무 상

無相無空無不空 卽是如來眞實相
무 상 무 공 무 불 공 즉 시 여 래 진 실 상

心鏡明 鑑無碍 廓然瑩徹周沙界
심 경 명 감 무 애 확 연 영 철 주 사 계

萬象森羅影現中 一顆圓明非內外
만 상 삼 라 영 현 중 일 과 원 명 비 내 외

---

1. 가섭 삼형제가 처음에는 불을 뿜는 화룡을 섬겼다. 부처님께서는
그들을 제도하려 화룡이 있는 굴로 찾아갔다. 화룡이 부처님을 보
고 먼저 독을 품은 불길을 뿜자, 부처님께서는 삼매의 불길을 놓았
다. 독룡이 그 열기에 괴로워하다가 도망가 몸을 숨길 곳이 없자
부처님의 발우 가운데로 뛰어들었다. 이런 일로 부처님께서 법을
설하여 가섭 삼형제를 득도시켰던 까닭에 부처님의 발우를 일컬
어 '항룡발'이라고 하였다.

21 용을 담은 바릿대와 범 싸움 말린
    육환장의[1] 방울 소리 귓가에 또렷
    모양으로 몸에 지닌 것들 아니니
    부처님의 보물로써 삶을 사는 것.

22 진眞이라도 찾지 않고 망妄도 안 끊어
    두 가지 법 공空이어서 무상無相을 아니
    모양 없고 공空도 없고 불공不空도 없어
    여래 응공應供 부처님의 진실한 모습.

23 마음 거울 밝고 밝아 모든 걸 비춰
    모든 세계 빠짐없이 두루 비추니
    삼라만상 그림자가 그 속에 있어
    하나로 된 오롯한 빛 안팎이 없네.

---

1. 승조 스님은 육환장으로 호랑이의 싸움을 그치게 하였다고 한다.
   육환장에는 고리 두 개에 방울이 세 개씩 달려있다. 두 고리는 세간
   법과 출세간법을 뜻하고 방울 여섯 개는 육바라밀을 의미한다. 육
   환장은 육바라밀로 세간과 출세간을 뛰어넘어 중도자리로 들어
   감을 상징하는 것이다. 부처님의 제자들은 늘 발우와 육환장을 지
   니고 다니면서 부처님 법을 되새겼다.

豁達空　撥因果　茫茫蕩蕩招殃禍
활 달 공　발 인 과　망 망 탕 탕 초 앙 화

棄有著空病亦然　還如避溺而投火
기 유 착 공 병 역 연　환 여 피 익 이 투 화

捨妄心　取眞理　取捨之心成巧僞
사 망 심　취 진 리　취 사 지 심 성 교 위

學人不了用修行　眞成認賊將爲子
학 인 불 료 용 수 행　진 성 인 적 장 위 자

損法財　滅功德　莫不由斯心意識[1]
손 법 재　멸 공 덕　막 불 유 사 심 의 식

是以禪門了却心　頓入無生知見力
시 이 선 문 요 각 심　돈 입 무 생 지 견 력

---

1. '심의식'은 8식·7식·6식을 모두 말하는 것으로 중생의 마음이다. 무명 바로 밑에 있는 제8식이 '심'이다. 이 8식을 통해 '나'라고 하는 것을 만들어 내는 것이 제7식으로 '의'다. 7식이 바깥 경계를 보고 자기 경험과 결합을 시켜 분별작용을 일으키는 것이 6식으로 '식'이다. 이 심의식이 위에서 말하는 '취사지심' 곧 중생의 '분별심'이고, 이 심의식에 '실체 없음'을 깨닫는 것이 '요각심'이다. 중생의 '분별심'이 거짓이고 허망하다는 것을 깨달으면 그 자리에서 한 순간에 '무생지견'인 '부처님의 세상'에 들어간다.

24 텅 빈 공空뿐 인과 없다 주장한다면
    아득하고 끝이 없을 재앙 부르리
    유有 버리고 공空을 찾는 병도 그러해
    물 피하다 큰불 속에 뛰어드는 격.

25 헛된 마음 버리고자 진리 찾지만
    취사분별 그 마음은 교묘한 거짓
    학인들이 이 모르고 수행한다면
    정말이지 도둑놈을 아들 삼는 짓.

26 법의 가치 무너뜨려 공덕 없애는
    이 모든 업 '심의식'에 말미암은 것
    이 때문에 선문에선 마음 깨달아
    한순간에 '무생지견' 들어간다네.

大丈夫[1] 秉慧劍 般若鋒兮金剛燄
대 장 부　병 혜 검　반 야 봉 혜 금 강 염

非但能摧外道心 早曾落却天魔膽
비 단 능 최 외 도 심　조 증 낙 각 천 마 담

震法雷 擊法鼓 布慈雲兮灑甘露
진 법 뢰　격 법 고　포 자 운 혜 쇄 감 로

龍象蹴踏潤無邊[2] 三乘五性皆惺悟[3]
용 상 축 답 윤 무 변　삼 승 오 성 개 성 오

雪山肥膩更無雜 純出醍醐我常納[4]
설 산 비 니 갱 무 잡　순 출 제 호 아 상 납

---

1. 대장부는 부처님을 뜻한다. '외도'는 부처님의 가르침을 따르지 않는 사람들이며, 천마는 좋은 경계로 나타나서 올바른 깨달음을 방해하는 마구니를 말한다.
2. 용상은 덕이 높은 스님을 용과 코끼리의 위력에 비유하여 이르는 말이다.
3. '삼승'은 성문승·연각승·보살승이며 '오성五性'은 이승성二乘性·보살성菩薩性·불성佛性·부정성不定性·외도성外道性을 말한다. '삼승오성'은 모든 중생들을 근기에 따라 나누어 놓은 것이다.
4. 옛날 인도에서 우유를 가지고 만드는 제품에 다섯 종류가 있었는데 그중 제호가 품질이 뛰어나 맛이 좋고 열병에 특효약으로 쓰였다고 한다. 여기서는 수행자가 한 생각 깨칠 때 얻어지는 부처님의 경계에 비유한 것이다.

27   대장부가 지혜의 검 높이 쳐드니
　　　반야지혜 칼날이요 금강의 불꽃
　　　외도들의 그 마음만 꺾을 뿐이랴
　　　이미 벌써 천마 간담 떨어졌도다.

28   부처님 법 천둥소리 법고를 쳐서
　　　넘쳐나는 자비로써 감로 뿌리니
　　　눈 푸른 이 끝이 없는 그 혜택 받고
　　　온갖 중생 빠짐없이 깨달음 얻네.

　　　향기로운 설산의 풀 잡냄새 없어
　　　늘 맛있는 제호의 맛 나는 즐기네.

一性圓通一切性　一法徧含一切法
일 성 원 통 일 체 성　일 법 변 함 일 체 법

一月普現一切水　一切水月一月攝
일 월 보 현 일 체 수　일 체 수 월 일 월 섭

諸佛法身入我性　我性還共如來合
제 불 법 신 입 아 성　아 성 환 공 여 래 합

一地具足一切地　非色非心非行業
일 지 구 족 일 체 지　비 색 비 심 비 행 업

彈指圓成八萬門[1]　刹那滅却三祇劫
탄 지 원 성 팔 만 문　찰 나 멸 각 삼 지 겁

一切數句非數句　與吾靈覺何交涉
일 체 수 구 비 수 구　여 오 영 각 하 교 섭

---

1. '탄지'는 손가락 한 번 튕기는 것이니 잠깐 동안을 말한다. '탄지'
보다 더 짧은 시간이 '찰나'이다. 중생이 탐욕, 성냄, 어리석음을
없애 성불하는 데 걸리는 세월이 삼아승지겁三阿僧祇劫인데, 한
순간에 무명이 깨지면 팔만사천법문이 완성되면서 삼아승지겁
이 사라지는 것이니, 깨달은 자리에서는 다시 부처님 가르침이
필요 없다.

한 성품에 온갖 성품 오롯 통하여
법 하나로 모든 법을 두루 싸안고
허공 달이 모든 강에 두루 비추니
물속의 달 하늘 달로 모두 거두네.

모든 부처 법신들이 내 품에 오니
나의 성품 부처님과 함께하므로
한 국토에 온갖 국토 다 구족하여
색色도 심心도 아니면서 업業도 아니다.

순식간에 팔만법문 오롯해지고
찰나 간에 아승지겁 없어져 버려
가르침이 있든 없든 그 모든 것은
신령스런 깨달음과 관계없으리.

不可毀　不可讚　體若虛空勿涯岸
불 가 훼　　불 가 찬　　체 약 허 공 물 애 안

不離當處常湛然　覓則知君不可見[1]
불 리 당 처 상 담 연　　먹 즉 지 군 불 가 견

取不得　捨不得　不可得中只麼得
취 부 득　　사 부 득　　불 가 득 중 지 마 득

黙時說　說時黙　大施門開無壅塞
묵 시 설　　설 시 묵　　대 시 문 개 무 옹 색

有人問我解何宗　報道摩訶般若力
유 인 문 아 해 하 종　　보 도 마 하 반 야 력

---

1. 깨닫고 나면 망념이 사라져서 언어의 길이 끊어지고 마음 갈 곳이
   없어서 이 경계를 말로써 설명할 수 없다. 주객이 끊어진 자리인데
   그 자리에서 부처를 봤다는 것은 아직 부처님의 세상에 가지 못했
   다는 것이다. 깨달아 알 수는 있지만 그 자리는 주객이 사라진 곳이
   기에 볼 수 있는 대상 경계는 없다.

29 　비방이나 찬탄할 말 있을 수 없어
　　　그 바탕이 허공 같아 끝이 없으니
　　　그 자리는 영원토록 맑고 깨끗해
　　　찾는다면 알겠지만 볼 수 없기에
　　　취할 수도 버릴 수도 없는 것인데
　　　얻을 수가 없는 데서 이렇게 얻네.

30 　침묵 속에 말이 있고 말 속에 침묵
　　　베푸는 문 크게 열려 막힘이 없어
　　　어떤 종지 아느냐고 물어온다면
　　　마하반야 힘이라고 알려주리라.

或是或非人不識　逆行順行天莫測
혹 시 혹 비 인 불 식　역 행 순 행 천 막 측

吾早曾經多劫修　不是等閑相誑惑
오 조 증 경 다 겁 수　불 시 등 한 상 광 혹

建法幢　立宗旨　明明佛勅曹溪是
건 법 당　입 종 지　명 명 불 칙 조 계 시

第一迦葉首傳燈　二十八代西天記[1]
제 일 가 섭 수 전 등　이 십 팔 대 서 천 기

---

1. 인도에서 부처님께서 열반에 드시고 가섭에게 마음의 법을 전한
   뒤 28대 달마 대사까지 내려온 전등법맥의 28조를 말한다. 28대
   달마 대사는 중국에 건너와 중국 선종의 초조가 되었다.

옳고 그름 사람들이 알지 못하고
역행 순행 하늘조차 짐작 못하나
나는 벌써 오랜 세월 수행한 사람
예사롭게 속이는 일 절대 아니다.

31 법의 깃발 날리면서 종지 세우니
분명하게 부처님이 주신 법이라
첫 번째로 가섭에게 법을 전하여
이십팔대 법을 받는 인도의 기록.

法東流　入此土　菩提達磨爲初祖
법 동 류　입 차 토　보 리 달 마 위 초 조

六代傳衣天下聞[1]　後人得道何窮數
육 대 전 의 천 하 문　후 인 득 도 하 궁 수

眞不立　妄本空　有無俱遣不空空
진 불 립　망 본 공　유 무 구 견 불 공 공

二十空門元不著　一性如來體自同
이 십 공 문 원 불 착　일 성 여 래 체 자 동

心是根　法是塵[2]　兩種猶如鏡上痕
심 시 근　법 시 진　양 종 유 여 경 상 흔

痕垢盡除光始現　心法雙亡性卽眞
흔 구 진 제 광 시 현　심 법 쌍 망 성 즉 진

---

1. 의발衣鉢은 가사와 발우를 말한다. 스님들은 언제나 이것들을 지
   니고 다녔기에 스승과 제자 사이에 이것을 주고받는 것을 마치
   법을 주고받는 것처럼 여겨왔다. 선종 초기의 전법은 의발을 의지
   하여 전해졌지만, 뒷날 많은 종장이 배출되면서 각자의 인연으로
   법을 전하게 되었다.
2. 마음은 육근에서 일어나는 것이요, 이 마음에서 일어나는 모습인
   법은 마음이 분별하는 대상 경계라는 뜻이다.

32 동쪽으로 법이 흘러 이 땅에 오니
   보리달마 중국에서 초조가 되어
   육대 걸친 의발 전수 천하가 알고
   도를 얻는 뒷사람들 어찌 다 세리.

33 내세우는 '진'이 없고 '망'도 본디 '공'
   '유'와 '무'를 다 버려도 '불공'이며 '공'
   온갖 것이 '공'이라도 집착 않으니
   한 성품의 여래 바탕 저절로 같네.

34 마음에서 분별하고 법은 경계라
   이 둘 모두 거울 위의 티끌 같으니
   티끌 흔적 사라지면 광명 드러나
   마음과 법 다 잊으니 참다운 성품.

嗟末法　惡時世　衆生薄福難調制
차 말 법　오 시 세　중 생 박 복 난 조 제

去聖遠兮邪見深　魔强法弱多怨害
거 성 원 혜 사 견 심　마 강 법 약 다 원 해

聞說如來頓敎門　恨不滅除令瓦碎
문 설 여 래 돈 교 문　한 불 멸 제 령 와 쇄

作在心　殃在身　不須怨訴更尤人
작 재 심　앙 재 신　불 수 원 소 갱 우 인

欲得不招無間業　莫謗如來正法輪
욕 득 불 초 무 간 업　막 방 여 래 정 법 륜

35 말법시대 슬퍼하며 세월을 한탄
    중생들은 박복하여 말을 안 듣고
    성현들은 멀어지고 사견만 깊어
    '마'는 강력 '법'은 나약 원망만 늘어
    부처님의 돈교 법문 전해 듣고도
    삿된 소견 제거 못해 한스럽구나.

    마음속에 지은 죄도 재앙이 되니
    다른 사람 원망이나 허물 말아라
    무간지옥 불러오지 않으려거든
    부처님의 올바른 법 비방 말아라.

栴檀林　無雜樹　鬱密深沈獅子住
전단림　무잡수　울밀심침사자주

境靜林閒獨自遊　走獸飛禽皆遠去[1]
경정임한독자유　주수비금개원거

獅子兒　衆隨後　三歲卽能大哮吼
사자아　중수후　삼세즉능대효후

若是野干逐法王　百年妖怪虛開口
약시야간축법왕　백년요괴허개구

圓頓敎[2]　勿人情　有疑不決直須爭
원돈교　물인정　유의불결직수쟁

不是山僧呈人我　修行恐落斷常坑[3]
불시산승정인아　수행공락단상갱

---

1. '전단림'은 불법을 공부하려 수행자들이 모인 총림이라 할 수 있다. 총림 가운데는 삿된 사람이 없으므로 '무잡수'라 했으며 용맹 정진하는 수행자는 사자와 같다. '주수비금'은 외도이니 삿된 사람들은 수행자들에게 접근하지 못한다.
2. '원돈'은 무명이 사라져 조금도 부족함이 없는 부처님 법이 단숨에 완성되는 그 자리를 말한다. '돈'은 단숨에 깨치는 자리이고, '원'은 조금도 부족함이 없는 것이므로 '원돈교'는 최고의 부처님 가르침이다.
3. 있다고 집착하면 '상견常見'이요 없다고 집착하면 '단견斷見'이다.

36 전단향의 숲 속에는 잡목이 없어
　　울창하고 깊숙하여 사자가 살아
　　고요하고 한가롭게 홀로 다녀도
　　나는 새와 네 발 짐승 달아난다네.

37 사자 뒤를 무리지어 따르는 새끼
　　세 살 되니 사자후를 토해내도다
　　여우들이 법의 왕을 쫓으려 해도
　　백년 요괴 부질없이 입만 아프리.

38 원돈교엔 인정사정 둘 것이 없어
　　어떤 의심 있거들랑 따져 물어라
　　산승 내가 잘나서가 절대 아니니
　　단견 상견 집착할까 염려하는 것.

非不非　是不是　　差之毫釐失千里
비 불 비　　시 불 시　　차 지 호 리 실 천 리

是卽龍女頓成佛　　非卽善星生陷墜[1]
시 즉 용 녀 돈 성 불　　비 즉 선 성 생 함 추

吾早年來積學問　　亦曾討疏尋經論
오 조 년 래 적 학 문　　역 증 토 소 심 경 론

分別名相不知休　　入海算沙徒自困
분 별 명 상 부 지 휴　　입 해 산 사 도 자 곤

却被如來苦呵責　　數他珍寶有何益
각 피 여 래 고 가 책　　수 타 진 보 유 하 익

從來蹭蹬覺虛行　　多年枉作風塵客
종 래 층 등 각 허 행　　다 년 왕 작 풍 진 객

---

1. 『법화경』을 보면 모든 중생이 불성을 가지고 있기에 부처님의 근
본 자리를 알면 팔세 용녀도 성불한다는 이야기가 나온다. 용녀는
어리고 여성인데도 성불하였으나, 선성 비구는 부처님을 시봉하
며 그 곁을 스무 해 동안 떠나지 않고 있었지만 계를 지키지 않고
모든 법이 공空하다고 허망하게 설하다가 산 채로 지옥에 떨어졌
다고 한다.

옳고 그름 이리저리 따진다 해도
터럭만치 어긋나면 천 리나 틀려
옳은 즉시 팔세 용녀 부처님 되고
그른 즉시 선성 비구 지옥에 가네.

39 나는 일찍 많은 학문 닦아오면서
경율론과 참고 서적 많이 봤는데
이름 모양 끊임없이 분별해 봤자
바다 모래 헤아리듯 피곤해질 뿐.

이 모습을 여래께서 꾸지람 하니
남의 보배 세어 본들 뭔 이익 있나
예전 수행 갈팡질팡 헛된 줄 아니
여러 해를 잘못 살은 풍진객일세.

種性邪　錯知解　　不達如來圓頓制
종 성 사　착 지 해　　부 달 여 래 원 돈 제

二乘精進無道心[1]　外道聰明無智慧
이 승 정 진 무 도 심　　외 도 총 명 무 지 혜

亦愚癡　亦小駭　　空拳指上生實解
역 우 치　역 소 해　　공 권 지 상 생 실 해

執指爲月枉施功　　根境塵中虛捏怪[2]
집 지 위 월 왕 시 공　　근 경 진 중 허 날 괴

不見一法卽如來[3]　方得名爲觀自在
불 견 일 법 즉 여 래　　방 득 명 위 관 자 재

了卽業障本來空　　未了還須償宿債
요 즉 업 장 본 래 공　　미 료 환 수 상 숙 채

---

1. '이승二乘'은 욕망을 끊고 생사를 벗어났지만, 이치를 보려는 마음
   이 남아있어 아직 장애를 면치 못하였다.
2. '근根'은 외부 경계를 받아들이는 안眼·이耳·비鼻·설舌·신身·
   의意 육근이고, '경境'은 그 경계인 색色·성聲·향香·미味·촉觸·
   법法 육경이며, '진塵'은 육근과 육경이 어울려 만들어 내는 중생
   의 분별심인 번뇌를 말한다.
3. '어떤 법도 못 본다'는 것은 볼 사람도 없고 볼 대상도 없는 주객이
   사라진 마음자리이다. 이것이 여래의 마음이요, 부처님이 나타나
   는 곳이다.

78

40 삿된 성품 알음알이 잘 모르기에
부처님의 '원돈' 방침 알지 못하니
이승들은 정진해도 '도심'이 없고
외도들은 헛똑똑이 '지혜'가 없다.

미련하고 어리석고 혼란스러워
빈주먹과 손가락에 무엇 있는 듯
손가락을 달이라고 잘못 알기에
제멋대로 분별하여 날조를 한다.

어떤 법도 못 보아야 부처님일새
바야흐로 관자재라[1] 이름 부르니
깨달으면 업장 본디 '공'인 것이고
모른다면 전생 빚을 갚아야 하네.

---

1. 깨달은 사람이 '관자재'이다. 세상의 실상을 정확히 보고 아는 것
이 '관'이요, 여기서 얻어진 힘으로 어디에도 걸림이 없는 것을 '자
재'라고 하니, 이를 합쳐 '관자재'라 한다.

飢逢王膳不能餐　病遇醫王爭得瘥[1]
기 봉 왕 선 불 능 찬　병 우 의 왕 쟁 득 차

在欲行禪知見力　火中生蓮終不壞
재 욕 행 선 지 견 력　화 중 생 련 종 불 괴

勇施犯重悟無生[2]　早時成佛于今在
용 시 범 중 오 무 생　조 시 성 불 우 금 재

師子吼　無畏說　深嗟懵懂頑皮靼
사 자 후　무 외 설　심 차 몽 동 완 피 달

只知犯重障菩提　不見如來開秘訣
지 지 범 중 장 보 리　불 견 여 래 개 비 결

---

1. 굶주린 사람에게 음식을 주고 아픈 사람에게 처방을 내리듯, 부처님은 번뇌를 끊는 가르침을 주시나 중생은 알아듣지 못한다.
2. 용시 비구는 자신을 사모하는 여인의 유혹에 넘어가 음행을 저지르게 되었다. 여인의 남편이 이 사실을 알게 되자 여인은 남편을 독살하게 된다. 음욕과 살생이 모두 자신의 탓이라고 절규하던 용시 비구는 비국다라 존자를 만나 가르침을 받고 무생의 이치를 깨달아 성불하여 보월여래라 불렸다. 무생의 이치를 깨달으면 텅빈 마음이 되니, 세간의 법이 없어져 살생·음행·도적질·거짓말이 들어설 자리가 없다. 번뇌 자체가 없어지니 과보가 존재할 수 없다. 용시 비구는 이 이치를 깨달아 인과를 뛰어넘어 바로 열반에 든 것이다.

굶주려도 임금 수라 먹지 못하니
병들어도 의왕 만나 차도 있을까.

41 도 닦고자 참선하는 지견의 힘은
불속에서 피는 연꽃 시들지 않듯
살생 음행 용시 비구 무생 깨닫고
일찌감치 성불한 예 지금도 안다.

42 두려움이 전혀 없는 사자후 설법
슬프도다, 어리석고 어리석은 이
중한 죄가 깨달음을 막는 줄 알 뿐
깨침 주는 여래 비결 보지 못하네.

有二比丘犯婬殺　波離螢光增罪結[1]
유 이 비 구 범 음 살　바 리 형 광 증 죄 결

維摩大士頓除疑　還同赫日消霜雪
유 마 대 사 돈 제 의　환 동 혁 일 소 상 설

不思議　解脫力　妙用恒沙也無極
부 사 의　해 탈 력　묘 용 항 사 야 무 극

四事供養敢辭勞[2]　萬兩黃金亦銷得
사 사 공 양 감 사 로　만 량 황 금 역 소 득

粉骨碎身未足酬　一句了然超百億
분 골 쇄 신 미 족 수　일 구 요 연 초 백 억

---

1. 두 비구를 계율로 다스리려 했던 우바리의 좁은 소견을 반딧불에 비유한 것이다.
2. 사사공양四事供養은 의복·음식·방사·탕약 네 가지를 공양 올리는 것이다.

음행 살생 저질렀던 두 비구에게
우바리의 짧은 소견 죄만 보탤 뿐
유마 거사 순식간에 의심 없앰에
붉은 태양 눈서리를 녹이듯 하네.

43 생각으로 알 수 없는 해탈의 힘은
'항사묘용' 끝이 없어 다함없는 것
온갖 공양 받더라도 부담이 될까
황금 만량 쓰더라도 문제가 없네.

은혜 갚음 분골쇄신 충분치 않다
한마디로 분명해야 최상승 법문.

法中王　最高勝　河沙如來同共證
법중왕　최고승　하사여래동공증

我今解此如意珠　信受之者皆相應
아금해차여의주　신수지자개상응

了了見　無一物　亦無人兮亦無佛
요료견　무일물　역무인혜역무불

大千世界海中漚　一切聖賢如電拂[1]
대천세계해중구　일체성현여전불

假使鐵輪頂上旋　定慧圓明終不失[2]
가사철륜정상선　정혜원명종불실

---

1. 깨달은 자리에서는 아무리 많은 세계가 드러나더라도 바다의 물
   거품 같고, 성현들도 모두 순식간에 사라지는 번갯불처럼 허망한
   것이다.
2. 자신을 죽이려고 머리 위에서 쇳덩어리의 톱니바퀴가 돌아갈지
   라도 깨달은 사람의 선정과 지혜는 변함없이 오롯하다.

44 법의 왕은 높고 높아 뛰어나신 분
　　모든 여래 다 똑같이 이 법문 증득
　　내가 이제 이 여의주 풀어놓으니
　　믿고 받아 지닌 사람 효험 보리라.

45 분명하게 알고 보니 아무것 없어
　　중생들도 없으면서 부처도 없네.

　　대천세계 남김없이 바다의 거품
　　이 자리에 모든 성현 번갯불 같아
　　머리 위에 톱니바퀴 돌릴지라도
　　선정 지혜 오롯함을 잃지 않으리.

日可冷　月可熱　衆魔不能壞眞說
일 가 냉　월 가 열　중 마 불 능 괴 진 설

象駕崢嶸謾進途　誰見螳螂能拒轍[1]
상 가 쟁 영 만 진 도　수 견 당 랑 능 거 철

大象不遊於免徑　大悟不拘於小節
대 상 불 유 어 토 경　대 오 불 구 어 소 절

莫將管見謗蒼蒼[2]　未了吾今爲君訣
막 장 관 견 방 창 창　미 료 오 금 위 군 결

---

1. 장자에 나오는 '당랑거철'이라는 고사로 어리석게도 작은 버마재
비가 수레를 막으려 했다는 이야기다. 버마재비는 사마귀를 일상
적으로 이르는 말이다.
2. 옛 사람은 "좁은 대롱으로 표범을 엿볼 때는 검은 반점 하나만 보게
된다."라고 말하였다. 따라서 관견管見은 짧은 소견을 뜻한다.

46 차가운 해 뜨거운 달 만들 수 있는
    마구니도 참된 말씀 어찌 못하니
    큰 수레를 코끼리가 끌고 가는데
    버마재비 길 막는 것 그 누가 보리.

    토끼 길로 큰 코끼리 다니지 않고
    큰 깨달음 짧은 소견 상관 안 하니
    좁은 생각 큰 진리를 비방 말거라
    그 비결을 모르므로 풀어 썼노라.